BEI GRIN MACHT SICH IHR WISSEN BEZAHLT

AF157124

- Wir veröffentlichen Ihre Hausarbeit,
  Bachelor- und Masterarbeit

- Ihr eigenes eBook und Buch -
  weltweit in allen wichtigen Shops

- Verdienen Sie an jedem Verkauf

Jetzt bei www.GRIN.com hochladen
und kostenlos publizieren

Bibliografische Information der Deutschen Nationalbibliothek:

Die Deutsche Bibliothek verzeichnet diese Publikation in der Deutschen National-bibliografie; detaillierte bibliografische Daten sind im Internet über http://dnb.d-nb.de/ abrufbar.

Impressum:

Copyright © 2016 GRIN Verlag, Open Publishing GmbH
Druck und Bindung: Books on Demand GmbH, Norderstedt Germany
ISBN: 9783668390775

Dieses Buch bei GRIN:

http://www.grin.com/de/e-book/352805/langfristig-erfolgreiche-personal-und-unternehmensfuehrung-steve-jobs

Julius Ohnesorge

Langfristig erfolgreiche Personal- und Unternehmensführung. Steve Jobs und Sir Alex Ferguson im Vergleich

GRIN Verlag

Transferarbeit

Langfristig erfolgreiche Personal- und Unternehmensführung am Beispiel von Steve Jobs und Sir Alex Ferguson

Leadership & Competencies

Verfasser:

B.A. Julius Ohnesorge

Master VfL Campus 12039

Inhaltsverzeichnis

Seite

Abbildungsverzeichnis

1 Einleitung

1.1 Problemstellung

Sowohl in der Wirtschaft als auch im Profifußball werden die Führungspositionen des Vorstandsvorsitzenden bzw. des Cheftrainers immer häufiger ausgetauscht. Trotz eines stabilen Wirtschaftswachstums tauschten 2016 16,7% der 300 größten Unternehmen in Deutschland, Österreich und der Schweiz ihre Top-Manager aus (vgl. Spiegel, 2016 o.S.). In Analogie dazu fanden in der Fußball-Bundesliga in den Saisons 13/14 – 15/16 insgesamt 45 Trainerwechsel statt (vgl. Statista, 2016, o.S.). Aufgrund dieser Personalfluktuation in der Führungsetage erschwert sich sowohl für Wirtschaftsunternehmen als auch für Fußballvereine die Verwirklichung von langfristigen Strategien und Zielen im Rahmen der strategischen Unternehmens- und Vereinsführung. Vor diesem Hintergrund stellen Steve Jobs und Sir Alex Ferguson mit einer Amtszeit von 14 bzw. 26 Jahren absolute Ausnahmeerscheinungen dar. Steve Jobs rettete Apple 1997 vor dem Konkurs und führte das kalifornische Unternehmen 2011 auf Platz 1 der wertvollsten Unternehmen der Welt. Sir Alex Ferguson übernahm 1986 als Cheftrainer Manchester United und gewann in den folgenden 26 Jahren 13 englische Meisterschaften sowie 25 weitere nationale und internationale Titel. Diese Erfolgsgeschichten sind sehr eng an die Führungsqualitäten dieser zwei charismatischen Persönlichkeiten geknüpft. Sowohl ihr direkter Umgang mit den Mitarbeitern als auch ihr Streben nach optimalen Strukturen und Arbeitsbedingungen bildeten die Grundlage für den langfristigen Erfolg beider Organisationen. Diese zwei unterschiedlichen Führungsdimensionen sollen in dieser Arbeit anhand von Steve Jobs und Sir Alex Ferguson thematisiert und dargestellt werden.

1.2 Ziel- und Fragestellung

Im Rahmen dieser Arbeit werden zwei Ziele verfolgt. Zum einem sollen die verschiedenen Aspekte der direkten und indirekten (strukturellen) Führung am Beispiel von Steve Jobs und Sir Alex Ferguson aufgezeigt werden. Mithilfe dieser Analyse sollen Führungsleitlinien entwickelt werden, die für die aktuelle Management-Praxis für eine langfristig erfolgreiche Unternehmensführung von Bedeutung sind. Aus diesen Zielstellungen können folgende zentrale Fragestellungen für diese Arbeit abgeleitet werden:

- Welche Parallelen lassen sich hinsichtlich der zwei Dimensionen der Führung anhand der Beispiele Steve Jobs und Sir Alex Ferguson erkennen?
- Welche Handlungsleitlinien können aus der Analyse für die aktuelle Management-Praxis abgeleitet werden?

1.3   Aufbau der Arbeit

Zu Beginn der Arbeit werden die theoretischen Grundlagen für die weiteren Ausführungen dieser Arbeit vorgestellt. Dabei werden vor allem die zwei Dimensionen der Führung, die direkte Mitarbeiterführung und die indirekte (strukturelle) Führung, erläutert und definiert. Im Anschluss folgt eine praktische Analyse der zwei Dimensionen am Beispiel von Steve Jobs und Sir Alex Ferguson. Aus dieser Analyse werden nachfolgend Handlungsempfehlungen für die aktuelle Management-Praxis abgeleitet. Zum Abschluss dieser Arbeit wird ein Resümee gezogen, inwiefern die formulierten Forschungsfragen beantwortet werden konnten. Darüber hinaus sollen potentielle zukünftige Entwicklungen in Zusammenhang mit dieser Thematik aufgezeigt werden.

2   Theoretischer Bezugsrahmen

Der theoretische Bezugsrahmen dient dazu, die Forschungsfragen in einen Kontext einzubetten, der einerseits den Analysebereich definiert und darüber hinaus die Beantwortung der Forschungsfragen erlaubt.

2.1   Führung

Für den Begriff Führung gibt es gemäß Illig (vgl. 2010, S. 34) verschiedene Definitionen, von denen sich die Begriffserklärung von Wunderer in einer umfassenden Forschungsanalyse durchgesetzt hat. Demnach kann Führung als „ziel- und ergebnisorientierte, aktivierende und wechselseitige, soziale Beeinflussung zur Erfüllung gemeinsamer Aufgaben in und mit einer strukturierten Arbeitssituation" definiert werden (Wunderer, 2011, S. 4). Dieser Definition zufolge beschreibt Führung einen Prozess, in dem die Führungskraft die Mitarbeiter beeinflusst, sodass die Mitarbeiter ein entsprechendes Verhalten zeigen, welches zum Erreichen der Unternehmensziele beiträgt. Der Unternehmenserfolg stellt somit das Handlungsmaxime für die Führungskraft dar.

2.2   Dimensionen der Führung

Im Zusammenhang mit der Führung von Mitarbeitern wird zwischen zwei Steuerungsdimension differenziert: direkte Personalführung und indirekte bzw. strukturelle Führung. Beide Dimensionen bieten Möglichkeiten zur Steuerung der Mitarbeiter und tragen dazu bei, den Unternehmens- bzw. Vereinserfolg zu realisieren.

2.2.1   *Direkte Personalführung*

Die direkte Personalführung beruht auf der persönlichen Einflussnahme der Führungskraft auf die Mitarbeiter. Im Umgang mit den Mitarbeitern übernimmt die Führungskraft verschiedene, zentrale Führungsaufgaben. Zu diesen Aufgaben gehört die Kommunikation, Motivation, Entscheidungsfindung, Koordination, Kooperation und Delegation sowie die Evaluierung und Weiterentwicklung der Mitarbeiter (vgl. Brauweiler, 2007, S.184).

2.2.2 Indirekte (strukturelle) Führung

Im Gegensatz zur direkten Personalführung bezieht sich die indirekte Führung, die auch strukturelle Führung genannt wird, auf die Umfeld- und Rahmenbedingungen, die die Mitarbeiter in ihrer Arbeit beeinflussen. Dabei wird das Ziel verfolgt möglichst ideale Rahmenbedingungen zu realisieren, in denen die Mitarbeiter ihre Aufgaben optimal erfüllen können. Zu diesen Umfeldbedingungen zählen v.a. drei Aspekte: die Kultur des Unternehmens, die Qualität des Personals sowie die Unternehmens- bzw. Führungsstrategie, zu denen auch Führungsstile und -taktiken zählen. (vgl. Wunderer, 1996, S. 389ff.).

3 Praxisanalyse: Steve Jobs – Sir Alex Ferguson

Obwohl es zwischen dem Fußballgeschäft und der Technologiebranche grundlegende Unterschiede gibt, spiegeln sich im Führungsverhalten von Jobs und Ferguson Gemeinsamkeiten wider, die als wichtige Elemente des langfristigen Erfolgs von Manchester United und Apple identifiziert werden können. Um ihre Mitarbeiter im Sinne des Unternehmens- bzw. Vereinserfolges zu beeinflussen, wandten Jobs und Ferguson ähnliche Methoden und Strategien an, durch die sie ihre Mitarbeiter zu Höchstleistungen inspirieren konnten und optimale Rahmenbedingungen schufen.

Im Rahmen der direkten Personalführung stellen sich Führungskräften verschiedene Herausforderungen, zu denen u.a. die Motivation der Mitarbeiter zählt. Sowohl Jobs als auch Ferguson wandten zur Motivation ihrer Mitarbeiter eine ähnliche Methode an, durch die es ihnen gelang, die Motivation der Mitarbeiter auch in prekären Situation aufrecht zu erhalten und sie darüber hinaus auf solche Situationen bewusst vorzubereiten. Beide Methoden führten dazu, dass ihre Mitarbeiter bzw. Spieler Aufgaben lösen konnten, die ihnen als unmöglich und aussichtslos erschienen. So schaffte es Manchester United bspw. einen 0:1 Rückstand im Champions League Finale 1999 in der Nachspielzeit der zweiten Halbzeit zu einem 2:1 Sieg zu drehen. Um die Motivation seiner Spieler für solche Situationen zu stärken, simulierte Ferguson diese Situationen durchgehend im Training. Dabei gab Ferguson den Spielern Zeitangaben von zehn, fünf oder drei Minuten, in denen ein Tor erzielt werden musste. Durch die Simulation dieser Situationen im Training wurde das Selbstbewusstsein der Spieler für diese speziellen Situationen im Spiel gestärkt. Dadurch konnten sie im Spiel erfolgreicher agieren. Eine umfassende Analyse bestätigte, dass Manchester United über eine Spanne von zehn Saisons die meisten

Punkte aller Mannschaften der englischen Premier League holte, wenn es in der 80. Minute noch Unentschieden stand (vgl. Elberse, 2013, S. 122).

Auf eine ähnliche Art und Weise gelang es Steve Jobs seine Mitarbeiter zur Bewältigung von beinahe unmöglichen Aufgabenstellungen zu inspirieren. Diese Methode wurde von seinen Kollegen in Anlehnung an eine Episode von Star Trek „Reality Distortion Field" genannt. Dieser Ausdruck beschreibt Jobs bewusste Verzerrung der Realität. Bspw. beauftragte Jobs seinen Mitarbeiter Steve Wozniak mit der Programmierung eines Videospiels namens „Breakout". Im Gegensatz zu Wozniak, der für diese Aufgabe mehrere Monate einplante, insistierte Jobs darauf, dass es möglich sei das Spiel in vier Tagen zu programmieren. Jobs beharrte darauf, dass die Gesetze der Realität für ihn und Apple keine Gültigkeit besitzen und außer Kraft gesetzt werden können. Dies führte in vielen Fällen dazu, dass seine Mitarbeiter eine außerordentliche Motivation und einen Glauben entwickelten, die dazu führten, dass verschiedene komplexe Projekte auch unter extremen Zeitdruck realisiert werden konnten (vgl. Isaacson, 2012, S. 97f.).

Eine weitere wesentliche Ähnlichkeit zwischen Jobs und Ferguson besteht in der Art der Kommunikation mit den Mitarbeitern. Aufgrund der enormen Kompetenz seines Personals pflegte Jobs einen rauen und direkten Umgang mit seinen Mitarbeitern. Das unmittelbare Ansprechen von Missständen und Fehlern war für ihn notwendig, um ein Szenario zu verhindern, in dem die Mitarbeiter ihre eigene Fachkompetenz überschätzen, da sie ausschließlich gelobt und freundlich behandelt werden (vgl. Isaacson, 2012, S.100). Diese Art der Kommunikation spiegelt Jobs Streben nach Perfektion wider und ist somit eine Reflektion seines Charakters. Ähnlich wie Jobs war auch Ferguson ein Perfektionist. Aus diesem Grund war es auch für ihn von entscheidender Bedeutung Fehler direkt anzusprechen und den Spielern ausdrücklich aufzuzeigen, wenn seine Erwartungen nicht erfüllt wurden. Dabei hebt Ferguson selber hervor, dass ein zu freundlicher Umgang mit den Spielern nicht zielführend sei, wohingegen Angst in einigen Fällen auch als erfolgreiches Führungsinstrument genutzt werden könne (vgl. Elberse, 2013, S. 121).

Neben der Kommunikation und Motivation ist das Treffen von Entscheidungen eine weitere zentrale Führungsaufgabe im Handlungsfeld der direkten Führung. In diesem Zusammenhang betont Ferguson vor allem die Wichtigkeit Entscheidungen zeitnah zu treffen. Vor allem in Situationen, die eine Gefahr für den Erfolg der Mannschaft darstellen können, reagierte Ferguson stets konsequent und zügig. Dementsprechend wurde z.B. der Vertrag mit Roy Keane umgehend aufgelöst, als dieser 2005 seine Mitspieler öffentlich kritisierte (vgl. Adams, 2014, o.S.). Ferguson selbst bezeichnet seine Fähigkeit, Entscheidungen frühzeitig und mit Überzeugung zu treffen als einen wichtigen Baustein seines Erfolgs. Gemäß Ferguson beruht ein Großteil der Entscheidungen im Geschäft des

Profifußballs auf unvollständigen Informationen. Dies stellte für ihn jedoch keinen Grund zur Herauszögerung einer Entscheidung dar, da er stets von seiner Intuition und seinem Entscheidungsvermögen überzeugt war (Moritz / Ferguson, 2016, S. 244ff.).

Des Weiteren zeigte Ferguson in seinem Entscheidungsverhalten eine starke Risikoaffinität. Die Risikofreude von Sir Alex Ferguson wurde vor allem sichtbar, wenn sich seine Mannschaft in Rückstand befand und nur noch wenige Minuten zu spielen waren. Häufig wechselte er in diesen Situationen einen zusätzlichen Angreifer ein und vernachlässigte damit die Defensive. Diese Art der Risikofreude beschreibt Ferguson selber als den Stil von Manchester United: „Being adventurous and taking risks – that was our style" (Elberse, 2013, S. 122).

Das Verlassen auf die eigene Intuition sowie das Vertrauen in sein eigenes Entscheidungsvermögen waren auch für Steve Jobs die entscheidenden Faktoren im Prozess der Entscheidungsfindung. Für die Entwicklung und Einführung des IPad verzichtete Jobs bspw. vollkommen auf umfangreiche Marktforschungsanalysen (vgl. Davenport, 2011, o.S.). Ähnlich wie Ferguson scheute sich auch Jobs nicht davor, risikoreiche Entscheidungen zu treffen. Als Jobs feststellen musste, dass andere Computer dem von Apple entwickelten iMac die Möglichkeit voraushatten, Musik herunterzuladen und auf CDs zu brennen, beschränkte er sich nicht darauf dem iMac ein Laufwerk zum Brennen hinzuzufügen. Im Gegensatz dazu traf Jobs die riskante Entscheidung ein komplett integriertes System aus iTunes, iTunes Store und iPod zu entwickeln, welches in der Folge die gesamte Musikindustrie revolutionierte (vgl. Isaacson, 2012, S. 96).

Neben diesen Gemeinsamkeiten in der direkten Personalführung sind auch hinsichtlich der indirekten (strukturellen) Führung mehrere Ähnlichkeiten zwischen Ferguson und Jobs zu erkennen, die im Folgenden dargestellt werden sollen. Während ihrer Amtszeiten gelang es sowohl Steve Jobs als auch Sir Alex Ferguson eine klare Unternehmens- bzw. Vereinskultur zu entwickeln und aufzubauen. Die Einführung einer Siegermentalität war für Ferguson die Basis der Vereinskultur von Manchester United. Im Mittelpunkt dieser Mentalität standen verschiedene Werte wie Perfektion, Arbeitsmoral und Widerstandsfähigkeit. Sowohl in der täglichen Arbeit auf dem Trainingsplatz als auch bei der Rekrutierung neuer Spieler wurden diese Werte eingefordert und von Ferguson und dem Trainerteam vorgelebt. Dadurch steigerte sich einerseits die Qualität der Trainingseinheiten. Zum anderen führte die Verinnerlichung dieser Werte bei den Spielern dazu, dass viele der Spieler noch Stunden nach dem Training auf dem Trainingsgelände blieben, um individuell weiter zu trainieren (vgl. Elberse, 2013, S. 119f.).

Auch Steve Jobs gelang es in seiner Zeit bei Apple eine Unternehmenskultur zu etablieren. Zu den Grundwerten seiner Unternehmenskultur gehörten vor allem Werte wie Perfektion und Innovation. In Anlehnung an diese Werte war für Jobs die Generierung möglichst hoher Einnahmen kein Motivationsfaktor. Im Kontrast dazu zog Jobs seine Motivation aus der Entwicklung von innovativen Produkten. Dieser Produktfokus spiegelt sich in seiner Aussage wider: „My passion has been to build an enduring company in where people were motivated to make great products" (Isaacson, 2012, S.96-97). Dieser Aussage zufolge bestand Jobs Leidenschaft daraus, eine nachhaltige Firma aufzubauen, in der die Mitarbeiter motiviert sind großartige Produkte zu entwickeln.

Das Einfordern dieser Werte prägte in beiden Fällen nicht nur die unmittelbare Arbeitsleistung der Mitarbeiter, sondern spielte auch bei der Zusammenstellung des Personals eine zentrale Rolle. Im Streben nach Perfektion tolerierte Jobs ausschließlich Personal mit extrem hoher Fachkompetenz. Durch seine direkte Art der Kommunikation und seine spezielle Form der Motivation gelang es ihm die Loyalität seiner wertvollsten Mitarbeiter zu gewinnen. Darüber hinaus wurde Jobs die Fähigkeit attestiert, Personal zu rekrutieren, dass sowohl über immense Fachkompetenz als auch über eine hohe Identifikation mit den Unternehmenswerten von Apple verfügte (vgl. Hall, 2015, o.S.).

Auch Ferguson gelang es in seiner Amtszeit bei Manchester United erfolgreiche Mannschaften zusammenzustellen, die sich mit den von ihm eingeforderten Werten identifizierten. Dabei setzte er vor allem auf junge, talentierte Spieler, denen er die Chance gab, sich zu entwickeln. Durch das gemeinsame Wertesystem und das Vertrauen des Trainers gewann Ferguson schnell die Loyalität seiner Spieler und konnte sie für seine Vision und Ziele begeistern (vgl. Elberse, 2013, S. 118).

Die Entwicklung und Qualität des Personals sowie die Unternehmenswerte und -kultur waren für beide Führungspersönlichkeiten Teil einer übergeordneten Unternehmens- und Führungsstrategie. Im Mittelpunkt der Unternehmensstrategie von Sir Alex Ferguson stand die Zielsetzung nicht nur eine erfolgreiche Mannschaft aufzubauen, sondern den gesamten Verein zu führen und zu entwickeln, um langfristigen Erfolg zu erreichen. In diesem Zusammenhang modernisierte Ferguson im Zuge seiner ersten Saison die komplette Nachwuchsarbeit von Manchester United, indem er ein System von Scouts installierte sowie zwei „Akademien der Exzellenz" für Spieler ab neun Jahren einrichtete. Mit diesem Ansatz verfolgte Ferguson die Strategie junge Spieler zu entwickeln und dadurch die Durchlässigkeit zwischen Nachwuchs und Profikader zu erhöhen. Zusätzlich versuchte Ferguson die zukünftigen Trends im Fußball zu erkennen und bei der Kaderzusammenstellung immer drei bis vier Jahre vorauszuschauen, um möglichen Bedarf auf verschiedenen Positionen schon frühzeitig zu erkennen. Auch außerhalb des Platzes wurden zukünftige Entwicklungen frühzeitig identifiziert, sodass Ferguson z.B. den Funktionsstab aufstockte und als einer der ersten Trainer mehrere Sportwissenschaftler einstellte, die die Spieler mit GPS-Sensoren ausstatteten. Darüber hinaus wurde am Trainingszentrum ein medizinisches Funktionsgebäude nach modernsten Standards errichtet, sodass Verletzungen unmittelbar örtlich versorgt werden konnten (vgl. Elberse, 2013, S. 117f., S. 122f.; Carson, 2013, S. 189f.). Der Umgang mit Veränderungen sowie die Beobachtung und das Erkennen von Chancen und Gefahren zählt Ferguson selber zu den wichtigsten Elementen seines Führungsstils (vgl. Barclay, 2013. S. 35).

Dieser ganzheitliche Ansatz spiegelt sich auch in der Führungsstrategie von Steve Jobs wider. Jobs verfolgte die Vision eine Art „Apple-Ökosystem" zu entwickeln, in dem Software, Hardware und Endgeräte nahtlos verknüpft sind, um die Bedienung zu erleichtern und so das Nutzererlebnis zu steigern. Dabei gelang es ihm sich sowohl auf die Details zu fokussieren als auch zu jedem Zeitpunkt die übergeordnete Strategie zu berücksichtigen. Anstatt die Trends der Zukunft durch Marktforschung zu identifizieren, konzentrierte sich Jobs darauf, zukünftige Entwicklungen selber anzutreiben. Nachdem der IPod auf den Markt gebracht wurde, setzte sich Jobs z.B. damit auseinander, welche Entwicklungen den Erfolg des IPods negativ beeinflussen könnten. Als mögliche Gefahr wurden andere Handyhersteller identifiziert, da diese für ihre Geräte Programme zur mobilen Wiedergabe von Musikdateien entwickeln könnten. Aus diesem Grund wurde das IPhone entwickelt, sodass eine potentielle Gefahrenquelle als Chance genutzt wurde der Konkurrenz zuvorzukommen (Isaacson, 2012, S. 96). In Analogie zu der Aufwertung der infrastrukturellen Rahmenbedingungen von Manchester United unter Ferguson, legte auch Jobs großen Wert darauf die Infrastruktur seines Unternehmens so zu gestalten, dass sie zur Erfüllung der Unternehmensziele beiträgt. Jobs war davon überzeugt, dass innovative und kreative Ideen vor allem aus spontanen Begegnungen und Diskussionen entstehen. Aus diesem Grund wurde z.B. das Gebäude der Pixar Animation Studios so gebaut, dass alle Büros und Konferenzräume mit dem zentralen Atrium verknüpft wurden, sodass die Interaktion zwischen den Mitarbeitern gefördert wurde (Isaacson, 2012, S. 100f.).

Im Rahmen der Praxisanalyse konnten für die direkte Personalführung und die indirekte (strukturelle) Führung mehrere Parallelen zwischen Steve Jobs und Sir Alex Ferguson identifiziert werden. Diese Handlungsmuster und Verhaltensweisen bildeten einerseits das Fundament der langfristig erfolgreichen Führung von Jobs und Ferguson und bieten andererseits auch essentielle Handlungsempfehlungen für die gegenwärtige Management-Praxis. Zur Übersicht werden die Leitlinien der direkten und indirekten (strukturellen) Führung von Sir Alex Ferguson und Steve Jobs in Abbildung 1 zusammenfassend dargestellt.

Abb. 1: Führungsleitlinien von Sir Alex Ferguson und Steve Jobs

Direkte Führung	Indirekte (strukturelle) Führung
➢ Mitarbeiter durch hohe Zielvorgaben motivieren	➢ Eine klare Unternehmenskultur einführen
➢ Direkte und zielorientierte Kommunikation	➢ Identitätsstiftendes Wertesystem aufbauen
➢ Schnelle Entscheidungsfindung	➢ Nur erstklassiges Personal tolerieren
➢ Risiken eingehen	➢ Zukunftstrends erkennen und steuern
➢ In eigenes Entscheidungsvermögen / Intuition vertrauen	➢ Infrastruktur konstant optimieren
➢ Loyalität generieren	➢ Auf Details fokussieren ohne die übergeordnete Strategie zu vernachlässigen

4 Handlungsempfehlungen

Anhand der Analyse von Sir Alex Ferguson und Steve Jobs lässt sich ein klares Führungsprofil erstellen. Dieses beinhaltet Leitlinien, die für eine langfristig erfolgreiche Personal- und Unternehmensführung von Bedeutung sind.

Im Kontext der direkten Mitarbeiterführung sollten Führungskräfte vor allem Wert darauflegen eine offene, direkte und zielorientierte Kommunikation mit den Mitarbeitern zu pflegen. Dies beinhaltet eine unmittelbare Analyse von Fehlern und Fehlverhalten, sodass sich die Mitarbeiter konstant weiterentwickeln können und Stagnation vermieden wird. Darüber hinaus sollte eine Führungskraft über eine hohe Entscheidungskompetenz verfügen. Diese Kompetenz besteht nicht nur aus dem Willen Entscheidungen zu treffen, sondern auch aus der Fähigkeit in prekären Situationen ohne Vollinformation schnell zu handeln und dabei in das eigene Entscheidungsvermögen zu vertrauen. In diesem Prozess sollten auch eventuelle Risiken in Kauf genommen werden. Um das eigene Personal zu motivieren, bietet sich Führungskräften die Möglichkeit, extrem hohe Zielvorgaben auszugeben. Dabei sollte die Führungskraft den Mitarbeitern mit vollkommener Überzeugung vermitteln, dass die Zielerfüllung möglich und umsetzbar ist. Durch das uneingeschränkte Vertrauen können Leistungspotentiale freigesetzt werden, durch die auch sehr anspruchsvolle Zielstellungen erfüllt werden können.

Neben der direkten Personalführung hat auch die indirekte (strukturelle) Führung einen maßgeblichen Anteil am Unternehmens- bzw. Vereinserfolg. In diesem Zusammenhang ist es von entscheidender Bedeutung ein gemeinsames Wertesystem mit den Mitarbeitern aufzubauen, welches sowohl identitätsstiftend wirkt als auch die Unternehmenskultur prägt. Am Beispiel von Jobs und Ferguson ist zu erkennen, dass die Werte v.a. den Charakter der beiden Führungspersönlichkeiten widerspiegeln, sodass Authentizität gewährleistet ist. Durch das Vorleben dieser Werte von Seiten der Führungskraft kann Loyalität bei den Mitarbeitern generiert werden. Das gemeinsame Wertesystem und die Unternehmenskultur sollten darüber hinaus auch einen großen Einfluss auf die Personalrekrutierung haben. Die Mitarbeiter sollten zur Unternehmensidentität passen und gleichzeitig über eine hohe Fachkompetenz verfügen. Zusätzlich ist es wichtig eine Infrastruktur zu entwickeln, durch die die Mitarbeiter ihr gesamtes Leistungspotential abrufen können. Dazu gehört es auch, externe Veränderungen und Trends frühzeitig zu erkennen und den Wandel, der sich im Umfeld des Unternehmens auswirkt, selber aktiv zu gestalten, anstatt sich ihm zu widersetzen. Abschließend sollte hervorgehoben werden, dass die Führungskraft eine ausgewogene Balance zwischen Detailarbeit auf operativer Ebene und der übergeordneten strategischen Führung mithilfe einer klaren und langfristigen Unternehmensstrategie finden sollte.

5 Fazit

Obwohl Steve Jobs und Sir Alex Ferguson in zwei vollkommen unterschiedlichen Branchen tätig waren, konnte eine hohe Übereinstimmung an ähnlichen Führungsmethoden und Handlungsmustern identifiziert werden. Jobs und Ferguson gelang es Apple und Manchester United auf allen Ebenen zu prägen und zu transformieren ohne dabei die übergeordnete Wertestruktur und Unternehmensstrategie zu vernachlässigen. In ihren langjährigen Amtszeiten schafften sie es, ein langfristig erfolgreiches Unternehmen bzw. Verein aufzubauen, in dem ihre Mitarbeiter über mehrere Jahre und Jahrzehnte Höchstleistungen abrufen konnten. Für die zwei Dimensionen der Führung wurden anhand der Analyse verschiedene Leitlinien entwickelt, die für die aktuelle Management-Praxis von hoher Relevanz sind. Dabei ist es für Führungskräfte v.a. von entscheidender Bedeutung ein Wertesystem aufzubauen und vorzuleben, dass den eigenen Charakter widerspiegelt und somit Authentizität gewährleistet. Mithilfe einer auf allen Ebenen wirksamen Unternehmensstrategie, die auf das Wertesystem abgestimmt ist, kann es Führungskräften gelingen ihre Mitarbeiter mit einer außerordentlichen Motivation für die gemeinsamen Visionen und Ziele zu infizieren.

Trotz der praktischen Bedeutung der verschiedenen Führungsleitlinien sollten mehrere Aspekte berücksichtigt werden. Zwar können die verschiedenen Handlungsmuster und

Führungsmethoden von Jobs und Ferguson als Erfolgsfaktoren einer langfristig erfolgreichen Unternehmens- bzw. Vereinsführung identifiziert werden. Dennoch gestaltet es sich schwierig eine Erfolgsmessung für die einzelnen Aspekte der zwei Führungsdimensionen durchzuführen. Des Weiteren sollte beachtet werden, dass Jobs Apple gründete und Manchester United unmittelbar vor Fergusons Amtsantritt relativ erfolglos war. Somit waren viele Strukturen noch nicht vorhanden, sodass beide Führungspersönlichkeiten eine sehr große Entscheidungsfreiheit besaßen. In vielen Fällen besitzen neu angestellte Führungskräfte keinen ähnlich großen Handlungsfreiraum. Darüber hinaus gibt es auch deutliche Unterschiede zwischen Steve Jobs und Sir Alex Ferguson, die im Rahmen dieser Arbeit nicht untersucht wurden. Im Gegensatz zu Ferguson, der viel Wert auf Delegation und Beobachtung legte, wird Jobs oft auch als „Mikromanager" bezeichnet, der sich teilweise zu sehr mit den Einzelheiten der Aufgaben seiner Mitarbeiter beschäftigte (Kalb, 2014, o.S.). Dies sind weitere Aspekte der Führung, die sich sowohl negativ als auch positiv auf den Unternehmens- bzw. Vereinserfolg auswirken können. Im Rahmen einer größeren Untersuchung wäre es von Forschungsinteresse weitere vergleichbare Führungspersönlichkeiten in die Analyse aufzunehmen, um zu eruieren, ob sich die entwickelten Leitlinien auch in ihrer Führung wiederfinden.

6 Ausblick

Auch in Zukunft werden Persönlichkeiten wie Ferguson und Jobs aller Voraussicht nach Ausnahmeerscheinungen darstellen. Sowohl für Fußballtrainer als auch für Vorstandschefs hat sich ein enormer Leistungsdruck aufgebaut, der es verlangt in möglichst kurzer Zeit messbare Ergebnisse zu erzielen. Dieser Fokus auf kurzfristigem und schnellem Erfolg führt dazu, dass sich eine auf langfristigen Zielen und Strategien ausgelegte Unternehmensführung zunehmend erschwert. Der kurzfristige Ergebnisdruck kann auch dazu führen, dass langfristige strategische Ziele sogar vollkommen außer Acht gelassen werden. Auch Ferguson stand drei Jahre nach seiner Einstellung kurz vor der Entlassung, da er bis dahin noch keinen Meisterschaftstitel präsentieren konnte. Nach internen Machtkämpfen mit Geschäftsführer John Sculley, der den Fokus der Unternehmensstrategie von Apple auf den Verkauf und Vertrieb legte, verließ Steve Jobs 1985 das Unternehmen Apple. Dennoch sollte dabei auch berücksichtigt werden, dass Unternehmen bzw. Vereine auch trotz einer hohen Personalfluktuation auf den Führungspositionen langfristig erfolgreich agieren können. Bspw. sind die strukturellen Bedingungen, wie die Unternehmenskultur oder Infrastruktur, oftmals über Jahrzehnte gewachsen und gefestigt, sodass sie unabhängig von der Führungskraft Geltung besitzen und zum Unternehmenserfolg beitragen.

Quellenverzeichnis

Adams, Susan (2014): Leadership Lessons From Manchester United's Legendary Coach Alex Ferguson. URL: http://www.forbes.com/sites/susanadams/2014/06/18/leadership-lessons-from-manchester-uniteds-legendary-coach/2/#7f6419637d98 [Stand: 10.11.2016].

Barclay, Patrick (2012): Macht & Kontrolle. In: 11 Freunde – Magazin für Fußballkultur. 2012 (2), S. 28-35.

Wald, Peter M. (2008): Indirekte Führung: Begriff, Besonderheiten und Perspektiven aus Sicht des Personalmanagements. In: Brauweiler, Hans-Christian (Hrsg.): Unternehmensführung heute. Oldenbourg Verlag, München, S. 181-198.

Carson, Mike (2013): The Manager. Inside the Minds of Football's Leaders. Bloomsbury, London.

Davenport, Thomas H. (2011): Was Steve Jobs a Good Decision Maker? URL: https://hbr.org/2011/10/was-steve-jobs-a-good-decision [Stand: 10.11.2016].

Elberse, Anita / Ferguson, Alex (2013): Fergusons's Formula. In: Harvard Business Review. 91 (10), S. 116-125.

Hall, William (2015): What Steve Jobs taught me about leadership, genius, and success in my 13 years at Apple. URL: http://www.businessinsider.com/what-steve-jobs-taught-me-about-leadership-genius-and-success-in-my-13-years-at-apple-2015-12?IR=T [Stand: 10.11.2016].

Isaacson, Walter (2012): The Real Leadership Lessons of Steve Jobs. In: Harvard Business Review. 90 (4), S. 92-102.

Illig, Wolfgang (2015): Führung bei Veränderungsprozessen: Die Realisation eines Führungssystems fragmentierter Wissenselemente in Banken. Springer Gabler Verlag, Wiesbaden.

Kalb, Ira (2014): 3 Ways Micromanagers Can Destroy A Company. URL: http://www.businessinsider.com/how-micromanagers-destroy-your-business-2014-7?IR=T [Stand: 10.11.2016].

Moritz, Michael / Ferguson, Alex (2016): Leading. Hodder & Stoughton, London.

Spiegel (2016): Studie zu Managerwechseln. Ex und hopp. URL: http://www.spiegel.de/karriere/manager-wechsel-konzerne-tauschen-vorstandschefs-haeufiger-aus-a-1087916.html [Stand: 10.11.2016].

Statista (2016): Trainerwechsel pro Saison in der 1. Fußball-Bundesliga von der Saison 1963/1964 bis 2015/2016. URL: https://de.statista.com/statistik/daten/studie/36473/umfrage/trainerwechsel-in-der-fussball-bundesliga-seit-der-saison-63-64/ [Stand: 10.11.2016].

Wunderer, Rolf (1996): Führung und Zusammenarbeit: Grundlagen innerorganisatorischer Beziehungsgestaltung. In: Zeitschrift für Personalforschung. 10 (4), S. 385-409.

Wunderer, Rolf (2011): Führung und Zusammenarbeit. Eine unternehmerische Führungslehre. Hermann Luchterhand Verlag, 9. Auflage, München.

BEI GRIN MACHT SICH IHR WISSEN BEZAHLT

- Wir veröffentlichen Ihre Hausarbeit,
  Bachelor- und Masterarbeit

- Ihr eigenes eBook und Buch -
  weltweit in allen wichtigen Shops

- Verdienen Sie an jedem Verkauf

Jetzt bei www.GRIN.com hochladen und kostenlos publizieren